L'écologie et vous

Titres parus :

Raymond Petit

Introduction à l'écologie

LES ÉDITIONS ÉCOLE ACTIVE / ÉDITIONS GAMMA
2244, RUE ROUEN, MONTRÉAL 133, P.Q.

SOMMAIRE

L'édition originale de cet ouvrage
a paru sous le titre : *Looking at living*
Copyright © illustrations 1974 by
Macdonald Educational Ltd, London

Adaptation française par Raymond Petit
Copyright © texte 1977 by
Les Éditions École Active, Montréal
Dépôt légal, Ottawa, 3ᵉ trimestre 1977
Dépôt légal, Bibliothèque Nationale,
Montréal, 3ᵉ trimestre 1977
Cette édition ne peut être vendue
qu'au Canada

ISBN 0-88517-289-2
ISBN 2-7130-0251-6
(édition originale : ISBN 0 356 05027 0)

Imprimé en Italie

NOTRE MONDE

Observons ce qui nous entoure, regardons notre monde. Nous y trouvons l'air, l'eau, les roches du sol, les plantes et les animaux. Chacune de ces catégories d'objets est très importante pour nous. Examinons de plus près le rôle que joue chacune d'elles.

De nombreuses plantes et beaucoup d'animaux nous fournissent notre nourriture. Nous respirons l'air, et l'eau forme la base de nos boissons. Les roches du sol, le sable et le gravier, nous permettent de construire nos maisons ou d'établir des routes. Elles permettent aussi aux plantes de fabriquer leurs propres aliments grâce aux rayons du Soleil et à l'eau de pluie. A leur tour, ces végétaux servent de nourriture aux animaux. On voit ainsi que la vie des animaux dépend non seulement des plantes, mais aussi de tout ce qui les entoure, de tout leur *environnement*.

Il y a donc de nombreux liens entre tous les objets qui forment notre environnement. Ces liens forment un véritable réseau, assez semblable à une toile d'araignée. Les spécialistes appellent un tel réseau un *écosystème*. Si une partie d'un écosystème est modifiée, tout le réseau s'en ressent. De même, si un insecte touche un seul des fils de la toile d'araignée, toute la toile est mise en mouvement et l'araignée en est immédiatement avertie. Nous devons donc prendre garde de ne pas trop ébranler les écosystèmes qui nous entourent, sous peine de rompre l'équilibre de notre monde. L'image à droite représente un paysage intact, avant que l'homme n'arrive. A gauche, le même endroit après l'installation d'êtres humains. Essayez de découvrir ce qui a changé d'une image à l'autre!

La science qui étudie les écosystèmes est l'*écologi*
de l'ancien grec «oikos», qui signifie «habitat». Le
écologistes sont donc des chercheurs qui étudient tou
les aspects de l'habitat des êtres vivants. Par exempl
des écologistes peuvent s'intéresser aux chiffres de po
pulations de plantes et d'animaux dans une région dé
terminée, et ils étudient les changements qui survier
nent dans ces populations. Pour cela, ils repèrent que
les plantes poussent dans cette région, et combien il
en a de chaque espèce. Ensuite, ils notent quels sont le
animaux qui dépendent de telles ou telles plantes et i
les comptent. Il faut observer la région pendant ur
année entière, parce que, si certaines plantes sont pe

manentes dans un paysage, il y en a d'autres qui ne se
montrent que pendant une partie de l'année, comme
ces narcisses qu'on voit au pied de cet if, à gauche au
printemps, mais qui ont disparu sur l'illustration de droite, à la fin de l'automne.

Il en va de même pour les animaux : si les hirondelles
signalent le printemps, comme sur l'image ci-dessous,
elles ne seront plus là lorsque viendra l'hiver avec les
vols de bernaches, à droite, en haut de la page voisine.

Certains écologistes notent comment les plantes et
les animaux utilisent les éléments chimiques. Tout ce
qui existe est formé d'éléments, qui sont au nombre

d'une centaine environ dans la nature. Les éléments d
sol nourrissent les plantes, qui sont mangées à leur tou
par les animaux. Après la mort des animaux, la putré
faction de leur corps restitue au sol les éléments qu'il
avaient en eux. Les éléments passent ainsi d'un group
d'objets ou d'êtres vivants à un autre, ils suivent de
cycles parfois très compliqués, dont il sera questio
plus loin.

Les écologistes étudient bien d'autres choses encore
Par exemple, ils peuvent noter quelles sont les plante
qui poussent dans tel ou tel type de sol. Dans certain
cas, la couche de sol utilisable par les plantes est pe

épaisse, et seules des petites plantes, comme des herbes, pourront y pousser. D'autres sols sont assez profonds pour que des racines d'arbres puissent s'y implanter avec succès. Les écologistes examinent aussi les roches du sous-sol. S'il y a du calcaire sous la surface, on y trouvera des plantes qui aiment le calcaire, les plantes calcicoles, comme l'ellébore, mais on n'y découvrira jamais de végétaux calcifuges, qui ne supportent pas le calcaire, comme les bruyères.

Le travail des écologistes nous intéresse à plus d'un titre. Ils essayent, par exemple, de découvrir quelles sont les plantes qui donnent le meilleur rendement dans diverses parties du monde. Dans les régions tempérées, les hommes font pousser du blé, qui fournit le pain. Dans d'autres régions, chaudes et humides, le blé ne pousse pas très bien, mais en revanche le riz donne un excellent rendement : les habitants de ces régions auront donc intérêt à cultiver le riz.

Les écologistes peuvent également nous aider à mieux comprendre comment notre monde évolue. Les hommes ont changé beaucoup de choses sur notre globe sans se rendre compte des dégâts qu'ils causaient. Les écologistes peuvent montrer aux hommes comment ils peuvent arrêter de faire des erreurs, avant qu'elles ne deviennent irréparables. Ils nous apprennent à maintenir propre ce monde qui nous entoure, et dont nous dépendons si étroitement.

PETIT LEXIQUE ÉCOLOGIQUE

Lorsqu'ils parlent ou lorsqu'ils écrivent à propos de l'écologie, les écologistes utilise
des mots qui ont une signification précise. Certains de ces mots sont expliqués c
dessous pour que vous puissiez mieux comprendre ce qui va suivre. Les mots importan
sont imprimés en italique, et nous engageons nos lecteurs à revenir de temps à aut
vers ces explications.

Le mot *écosystème* désigne l'ensemble formé par
sol, l'air, l'eau, les plantes et les animaux qui dépende
les uns des autres. Le sol, l'air et l'eau constituent
biotope : ce sont les éléments inanimés; les plantes
les animaux forment la *biocénose,* la partie vivante c
l'écosystème. Par exemple, un champ de maïs est u
écosystème dans lequel les plantes et les animaux v
vent ensemble et dépendent les uns des autres; mais i
dépendent aussi du biotope qui les entoure.

Environnement est un mot très utilisé de nos jour
Tout ce qui nous entoure est notre environnemer
Chez nous, la maison, les meubles, les boissons et
nourriture habituelles, mais aussi tous les mots qu
nous apprenons en parlant avec nos parents, tout ce
constitue notre environnement. Tous ces objets et aus
tous ces mots de notre langage de tous les jours, i
fluencent profondément notre comportement. A
campagne, le vent, la pluie ou le soleil, les plantes et le
animaux, et aussi la nature du sol et son relief, so
autant de composants de l'environnement. L'illustratic
de droite montre un environnement campagnard.

Vent

Habitat est un mot que les écologistes emploient volontiers. L'environnement contient l'habitat. L'habitat d'un être vivant peut être indiqué sur une carte détaillée. Par exemple, dans l'image ci-dessus, l'habitat de la grenouille est situé dans et autour de la mare. L'habitat de la taupe, c'est le sous-sol. L'habitat du pic est dans les arbres. Certaines plantes poussent à l'ombre de l'arbre, comme le lierre : c'est leur habitat. D'autres plantes croissent dans le terrain humide en bordure de la mare. L'habitat d'une plante ou d'un animal est la partie minérale et organique de l'environnement dans lequel ils vivent.

Dans un certain biotope, chaque plante et chaque animal possèdent sa propre *niche*. Une niche est en quelque sorte une manière de vivre en relation avec la nature du biotope. Chaque niche est légèrement différente d'une autre : il en résulte qu'ainsi les plantes et les animaux d'un même biotope ne se gênent pas. Ainsi, les lapins et les taupes, qui creusent tous deux des terriers ou des galeries souterraines, ne se gênent cependant pas, parce que les lapins mangent l'herbe qui pousse sur le sol tandis que la taupe dévore des insectes, qui vivent dans le sol.

L'image à droite nous montre deux sortes d'oiseaux vivant ensemble dans un même arbre : on y voit un pinson qui se nourrit des boutons de fleurs, tandis qu'un grimpereau recherche des insectes cachés dans l'écorce. Ici, tout va bien puisque ces oiseaux ont des régimes différents. Mais si deux oiseaux vivent dans la même niche et qu'il n'y a pas assez de nourriture, il y aura *compétition* entre eux. La compétition est incessante entre les êtres vivants.

Les plantes elles aussi entrent parfois en compétition, lorsqu'elles luttent pour la lumière du Soleil ou pour un meilleur sol. Les plus fortes, les mieux adaptées vaincront. Malheur aux vaincus! Il arrive que les perdants disparaissent définitivement, leur espèce s'*éteint.* Il y a des milliers d'espèces de plantes et d'animaux qui sont maintenant éteintes : il en reste des fossiles. De nombreux êtres vivants se sont éteints avant que l'homme n'apparaisse

sur la Terre, mais nous verrons plus loin comment nous avons contribué à la disparition d'autres espèces. Enfin, les écologistes parlent de la *population*, c'est-à-dire du nombre de représentants d'une espèce qu'on trouve dans un lieu déterminé. Ils parlent aussi des *prédateurs*, qui sont des animaux qui en dévorent d'autres, les *proies*. Dans l'image de droite, la mangouste est le prédateur du serpent qu'elle mange, qui est sa proie.

LES CHAÎNES ALIMENTAIRES

Les êtres vivants consacrent une partie considérable de leur vie à se nourrir. Sans nourriture, ils meurent. La grande majorité des animaux passent le plus clair de leur temps à rechercher la nourriture et à la manger une fois qu'ils l'ont trouvée. Les plantes, elles, sont privilégiées sous ce rapport, parce qu'elles peuvent élaborer elles-mêmes leurs aliments. Mais en fait, les végétaux fournissent de la nourriture à tous les animaux qui existent. En effet, même si un animal ne semble pas se nourrir de végétaux, il en absorbe lorsqu'il dévore un animal qui en a mangé avant lui. Sans les plantes, les animaux mangeurs de végétaux mourraient. Et s'ils venaient tous à disparaître, leurs prédateurs eux-mêmes mourraient de faim. Ce qui fait que les plantes sont à la base de l'alimentation de tous les animaux.

Les végétaux sont mangés par les mangeurs de plantes, les *herbivores*; à leur tour ceux-ci peuvent être dévorés par des mangeurs de viande, les *carnivores*. Il arrive qu'un petit carnivore soit la proie d'un carnivore plus puissant. L'enchaînement que voici : plantes → herbivores → premiers carnivores → seconds carnivores, constitue une *chaîne alimentaire* ou *chaîne trophique*. Certaines chaînes sont très simples, et en voici une que vous pourriez trouver chez vous : les grains de blé ont donné de la farine qui a servi à fabriquer un biscuit. Une souris mange le biscuit. Un chat, dévore la souris. Blé → souris → chat forment une chaîne alimentaire. En voici une autre : maïs → poulet → homme.

Certaines chaînes alimentaires sont s courtes : les animaux qui se nour- sent exclusivement d'une seule es- ce de plantes forment la moitié d'une aîne à deux maillons. C'est le cas du nda géant qui ne mange que des mbous, et aussi du koala qui vit uni- ement de feuilles d'eucalyptus.

Certains carnivores ne dévorent 'une seule sorte de proies. Ainsi, le urmilier ne mange que des fourmis des termites. La tête du fourmilier a e forme spéciale qui lui facilite la pture de sa nourriture : son museau longé cache une longue langue vis- euse, rétractile, qui englue les urmis et les ramène dans la bouche se contractant. Tous les mangeurs

de fourmis du monde se ressemblent : l'échidné d'Australie, le fourmilier géant d'Amérique du Sud et l'orycté- rope d'Afrique ont des museaux allon- gés et des langues gluantes.

Ces animaux qui ne mangent qu'une seule sorte de nourriture ne sont pas aussi bien préservés de l'extinction que les animaux qui ont une alimentation diversifiée. Par exemple, si une maladie frappe le bambou, le panda géant est condamné à mort à brève échéance.

La situation est moins dramatique pour les animaux qui mangent plu- sieurs sortes d'aliments, parce que, si un aliment disparaît pour une raison quelconque, il leur reste tous les autres au menu. C'est heureusement le cas de la majorité des animaux.

La plupart des chaînes alimentaires sont très compliquées, et elles sont parfois tellement ramifiées qu'elles forment ce qu'on appelle des *réseaux alimentaires*. L'illustration ci-dessus le démontre bien. Nous nous trouvons dans un bois, et de nombreuses plantes différentes nous entourent : il y a des arbres, des buissons, des herbes et des fleurs, mais aussi les animaux qui en vivent. Au premier coup d'œil, la situation semble compliquée et nous ne comprenons pas très bien comment la vie fonctionne dans ce bois.

Il y a des herbivores dont le régime peut être varié, ils se nourrissent de différentes plantes : les chenilles se trouvent sur des feuilles de végétaux divers; les écureuils mangent des châtaignes et des glands en automne, des bulbes de fleurs ou des graines de pin au printemps. Les chenilles et les écureuils sont donc des herbivores. Mais à leur tour, ceux-ci sont dévorés par plusieurs animaux différents : beaucoup d'oiseaux se nourrissent de chenilles, et les écureuils figurent parfois au menu des renards, qui ne dédaignent pas les oiseaux non plus, s'ils arrivent à les attraper!

Représentons par une flèche rouge tous les transports d'aliments, et nous voyons alors apparaître le réseau alimentaire du bois. Mais hélas ces flèches se croisent dans tous les sens et on s'y perd!

Essayons maintenant d'y mettre de l'ordre. Il est plus aisé de dessiner une image comme celle qui figure au bas de cette page, à gauche. On y retrouve tous les êtres vivants du dessin précédent, avec les flèches qui les relient. Dans le bas on a dessiné les plantes; au-dessus d'elles les animaux herbivores qui les mangent; au-dessus d'eux, les animaux carnivores qui mangent les herbivores et enfin, tout au-dessus, ceux qui mangent les premiers carnivores. C'est déjà plus clair, mais ce n'est pas encore parfait.

Alors, il vaut mieux représenter le tout sous la forme d'une pyramide. La base de la pyramide contient les végétaux, la couche suivante les herbivores, la couche qui la surmonte comprend les carnivores de premier ordre qui dévorent les herbivores et enfin le sommet de la pyramide contient les carnivores qui mangent les carnivores précédents, mais aussi parfois les herbivores. Aucun animal ne se nourrit des carnivores qui occupent le sommet de la pyramide: ce sont les prédateurs principaux, ou carnivores de second ordre, qui n'ont généralement pas d'ennemis naturels.

Cette pyramide montre quelle masse de plantes il faut pour nourrir tous ces animaux, puisque ce sont elles qui alimentent directement ou indirectement toute la pyramide. On voit ainsi que, s'il n'y avait pas les plantes, la pyramide n'existerait pas, et la vie serait impossible.

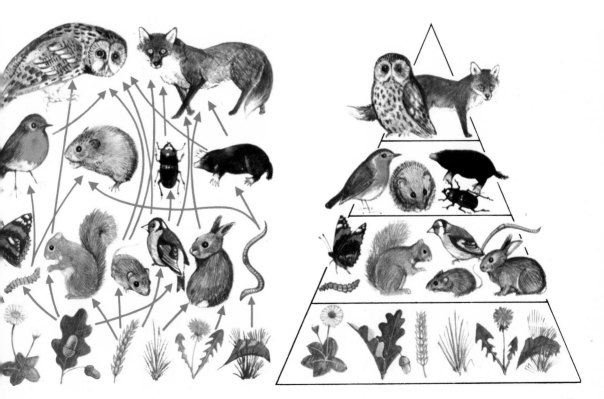

LES CYCLES

Depuis votre naissance, vous avez grandi et vot
poids a augmenté. D'où vous viennent ces suppl
ments? De votre nourriture, que vous avez puisée da
le monde qui vous entoure. Tous les êtres vivants agi
sent de même, et tout au long de leur vie, ils restitue
au milieu ambiant des déchets qui proviennent de le
digestion, et lorsqu'ils meurent, ils lui rendent la matiè
qui formait leur corps.

On voit ainsi qu'il n'y a pas de limite nette entre
monde minéral et le monde vivant. La matière qui vie
de l'un passe dans l'autre et inversement : elle est sar
cesse utilisée, libérée et réutilisée. Heureusement d'a
leurs, parce que la Terre ne reçoit rien de l'espace ext
rieur, à l'exception de la chaleur et de la lumière q
proviennent du Soleil. Les spécialistes appellent *cycle*
ces brassages incessants de la matière. Grâce à ce
cycles, elle peut donc servir plusieurs fois et rien n'e
perdu dans la nature.

Toute la matière de l'Univers est formée d'*élément*
Un élément est un ensemble d'atomes identiques. Parm
ces éléments, il en est qu'on retrouve toujours dans
corps des êtres vivants, tels le carbone, l'hydrogèn
l'oxygène, l'azote, le phosphore, le soufre et quelqu
autres encore. Tous ces éléments subissent donc d
cycles.

L'un de ces cycles est le *cycle du carbone.* Tous l
êtres vivants expirent un gaz, le dioxyde de carbon
formé d'un atome de carbone uni à deux atomes d'ox
gène. Les plantes captent ce gaz et elles en tirent l
substances qui les constituent. C'est ainsi que pousse

Cycle du carbone

Dioxyde de carbone de l'air

trèfle, sur le dessin, tout en haut de la page. Le trèfle est mangé par un cerf, et le carbone contenu dans le trèfle s'installe dans le corps du cerf. Une partie de ce carbone sera expiré par l'animal, une autre quitte le corps de l'herbivore par ses excréments. Dans l'un et l'autre cas, ce carbone sera récupéré par des végétaux, puisque les excréments peuvent servir d'engrais. Il reste du carbone dans son corps, et si notre cerf est dévoré par un loup, il sera immobilisé dans le corps du carnivore pendant un certain temps.

Après la mort du loup, des petits insectes, les nécrophores, vont enterrer son cadavre et ils vont y pondre leurs œufs. Les larves qui en sortiront auront donc à leur disposition leur plat préféré, la viande en putréfaction. Du dioxyde de carbone s'échappe du cadavre qui pourrit et des petites bêtes qui y vivent, et il retourne dans l'air, où il attendra d'être à nouveau capté par un végétal, peut-être par d'autres plants de trèfle. Ainsi, une partie du cycle du carbone est bouclée.

Si des plantes meurent sans être mangées, le carbone qu'elles contiennent s'accumule parfois pendant des millions d'années, sous forme de *charbon*. Le même sort arrive à des animaux, qui donnent du *pétrole*. Lorsque nous brûlons du charbon ou du pétrole, nous combinons leur carbone avec l'oxygène de l'air, et nous reformons ainsi du dioxyde de carbone. Maintenant, le cycle du carbone est complètement fermé.

LE SOL

Le sol sur lequel nous marchons est très important pour nous. Nous allons voir pourquoi il en est ainsi. Les végétaux, qui sont à la base de la nourriture des animaux, ne pourraient pas pousser sans le sol. En effet, les plantes, pour se nourrir et grandir, ont besoin du dioxyde de carbone présent dans l'air, mais aussi de l'eau apportée par la pluie. Il leur faut également la lumière solaire et de très petites quantités d'éléments qui se trouvent dans les *sels minéraux*. Or, ces sels minéraux se découvrent dans les roches du sol. Voyons d'un peu plus près comment s'est formé le sol tel que nous le connaissons aujourd'hui.

Les chercheurs estiment que notre Terre existe depuis plus de quatre milliards d'années. Au début, c'était une masse rocheuse très chaude, purement minérale, sans la moindre trace de vie. Progressivement, la Terre s'est refroidie et la vapeur d'eau qui l'entourait s'est condensée en eau liquide. Cette eau a contribué à disloquer lente-

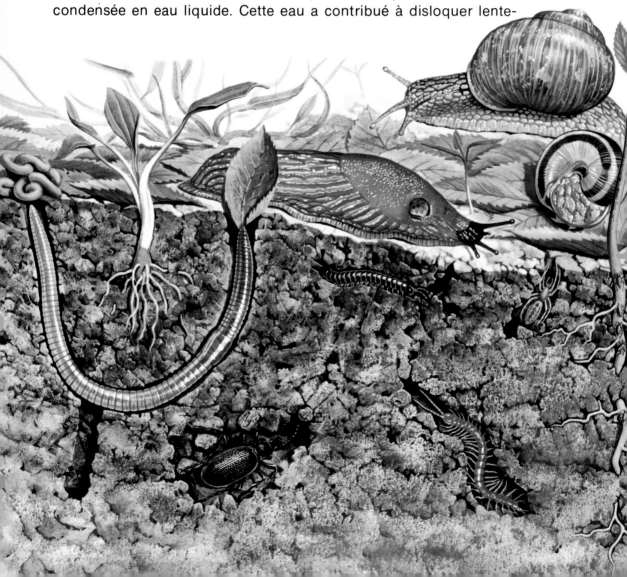

ent les blocs de roches, qui se sont également fracturés à cause des mouvements des continents, des tremblements de terre et des éruptions volcaniques. Ces phénomènes se produisent encore de nos jours.

Il y a à peu près 500 millions d'années, les premières plantes sont venues s'enraciner dans le sol, et leurs racines ont réduit les morceaux de roches en fragments de plus en plus petits. Cela se voit très bien lorsqu'on examine au microscope un échantillon de sol, comme sur le dessin ci-contre. Puis, les plantes ont pourri et d'autres les ont remplacées. Enfin, il y a 350 millions d'années environ, les premiers animaux terrestres sont apparus et ils

ont installé le cycle complet des éléments : les vers de terre sont venus et ils ont commencé à remuer sans cesse le sol et le sous-sol. Les scolopendres et les iules s'y sont également implantés et ils y ont tous abandonné leur corps après leur mort.

Le sol s'est ainsi mêlé à des fragments de plus en plus nombreux de plantes et d'animaux morts, et il s'est enrichi. La décomposition de ces corps fournit l'*humus*, un engrais naturel très riche qui s'unit aux roches du sol. Dans un tel sol, on verra pousser beaucoup de plantes, et leurs nombreuses racines maintiendront le sol en place. Mais si nous les arrachons, ou si nous les coupons, elles mourront, et leurs racines se dessécheront. Alors la pluie et les rivières lessiveront ce bon sol et l'emporteront au loin; il sera perdu pour la vie. Il est donc important de le protéger.

Robinson.

21

LES PLANTES

Lorsque nous mettons du carburant dans le réservoir d'une automobile, c'est pour en retirer de l'énergie, qui va déplacer notre véhicule. Il en va de même pour une grue qui, sur un chantier, élève parfois très haut les matériaux avec lesquels les ouvriers construisent un gratte-ciel. Le même problème se pose pour tous les êtres vivants, ils ont besoin d'énergie pour se déplacer, pour grandir, pour remplacer les parties manquantes ou usées de leur corps.

La plus grande partie de l'énergie utilisée par les êtres vivants provient du Soleil. L'énergie solaire est captée par les feuilles des végétaux, dans lesquelles on trouve une matière colorée en vert, la *chlorophylle*, qui utilise la lumière du Soleil pour construire une substance sucrée appelée *glucose*. Le glucose contient ainsi une certaine quantité d'énergie, en plus des éléments qui le constituent : carbone, oxygène et hydrogène.

Le dessin du bas de la page va nous aider à comprendre ce qui se passe dans une plante. Le dioxyde de carbone a été représenté par des flèches violettes, les flèches bleues figurent l'oxygène, les rouges montrent par où passe la sève élaborée riche en aliments, tandis que les vertes montrent le trajet de l'eau chargée en sels minéraux qui entre dans la plante.

La chlorophylle éclairée par le Soleil, fabrique du glucose à partir de dioxyde de carbone et d'eau. Cette fabrication s'accompagne d'un rejet d'oxygène dans l'air. Une faible quantité de cet oxygène sera cependant utilisée pour la respiration des végétaux, mais ce sont surtout les animaux qui s'en serviront. Dans le corps de la plante, une longue série de transformations chimiques va changer le glucose en une suite de substances diverses, qui permettront au végétal de grandir et de se multiplier. Puis arrivent les animaux, qui mangent les plantes et respirent l'oxygène qu'elles ont rejeté. Ces animaux utilisent diverses parties des plantes pour se nourrir : les chevaux et le bétail mangent les feuilles de l'herbe

t les graines qu'elle renferme. Les oiseaux, les écureuils et les mulots mangent les noix ou les semences. Les iules rongent les racines. Des insectes sucent la sève qui circule dans les feuilles t dans les tiges.

Les plantes fournissent aussi des abris à de nombreux animaux. Le blaireau, le renard et le lapin creusent la terre entre les racines des arbres. Des oiseaux et des écureuils nichent dans les troncs d'arbres évidés, et des insectes se cachent sous l'écorce de l'arbre.

Sans les plantes, beaucoup d'animaux seraient sans abri. Sans les plantes, tous les animaux mourraient de faim.

LES ANIMAUX

Puisque les animaux n'ont pas de chlorophylle, ils n[e] peuvent pas fabriquer eux-mêmes leur nourriture : i[l] dépendent donc des plantes pour leur fournitur[e] d'énergie. Il leur en faut beaucoup parce que, non se[u]lement ils doivent grandir comme les plantes, mais e[n] plus ils doivent se déplacer. Les animaux dépende[nt] totalement des végétaux, et même s'ils ne mangent pa[s] eux-mêmes des plantes, ils dévorent des herbivores q[ui] en ont absorbé avant eux. Les animaux ne peuvent don[c] pas vivre sans les végétaux.

Les premiers animaux étaient des petits organisme[s] vivant dans la mer ou dans les eaux douces. Puis appa[ru]rurent les poissons. Mais le temps passa et les cond[i]tions changèrent sur la Terre : le climat devint plus se[c] et certains fleuves et beaucoup de lacs disparuren[t] Certains animaux colonisèrent alors la terre ferme, et o[n] vit des poissons étranges, capables de respirer l'air a[t]mosphérique, se déplacer d'une mare à l'autre. C'est d[e] ces poissons que sont dérivés les premiers grands an[i]maux terrestres, les amphibiens. De nos jours, les a[m]phibiens sont représentés par les grenouilles, les cra[]pauds, les tritons, les salamandres et d'autres anima[ux] semblables.

Mais au bout de quelques millions d'années, le clima[t] devint lentement plus chaud et plus sec. Or, les amph[i]biens respirent en partie grâce à leur peau toujou[rs] humide et ils pondent leurs œufs dans l'eau : la séche[]resse ne leur convenait donc pas. Heureusement pou[r] eux, certains amphibiens évoluèrent en animaux à pea[u] sèche, couverte d'écailles épaisses qui les mettaient à l'abri de l'ardeur du Soleil. Leurs œufs étaient protégés par une coquille qui empêchait le dessèchement, ils ne devaient donc plus pondre dans l'eau. Ce furent les reptiles. Parmi ces reptiles, il y eut les dinosaures, qui vécurent sur la Terre pendant quelques millions d'années. Mais de nouveaux changements climatiques intervinrent, et ils disparurent tous. Les reptiles qui nous restent sont les lézards, les serpents, les tortues et les crocodiles.

Le climat se refroidit et devint humide par endroits, et seuls les animaux qui pouvaient conserver leur chaleur purent s'adapter à ces nouvelles conditions : ce furent les oiseaux couverts de plumes, et les mammifères protégés par leur fourrure de poils. Ces animaux s'adaptèrent remarquablement à tous les types d'habitats : on les voit encore de nos jours dans les mers, sur et dans le sol, dans les arbres et dans l'air. C'est grâce à cela qu'ils trouvent assez de nourriture, qu'ils vivent dans les mares ou les rivières, dans les marais ou les déserts, dans les mers polaires glacées ou dans les forêts tropicales humides. Les oiseaux partagent avec les insectes l'empire des airs, où ils rencontrent quelques mammifères volants, telles les chauves-souris. Au cours de l'histoire de la vie sur la Terre, les animaux ont ainsi conquis d'abord les mers, puis les terres et enfin l'air. Et maintenant, un de ces animaux, l'homme, essaye d'explorer l'espace.

LES CLIMATS DE LA TERRE

La planète Terre est ronde, c'est une sphère qui se déplace dans l'espace, en décrivant une trajectoire à peu près circulaire autour du Soleil. Il lui faut un an pour faire le tour de cet astre. La surface centrale de la Terre, de part et d'autre de l'Équateur, est plus près du Soleil que le haut et le bas de la sphère, où se trouvent les pôles. Les rayons solaires tombent perpendiculairement à l'Équateur, qui reçoit ainsi un intense rayonnement. Comme la surface terrestre est courbe, à mesure qu'on se rapproche des pôles, les rayons du Soleil tombent de plus en plus obliquement sur la surface, et ils doivent traverser une couche d'atmosphère plus épaisse. Ils perdent ainsi une partie de leur énergie.

Près de l'Équateur, le rayonnement en provenance du Soleil est chaud et puissant toute l'année, tandis qu'aux pôles il est beaucoup plus faible. Il est tellement faible aux sommets, c'est-à-dire dans la région même des pôles, qu'il n'arrive pas à fondre la glace, même en été. Quant aux hivers, ils sont longs et froids.

Les plantes qui poussent à la surface de la Terre dépendent directement de la quantité de rayonnement solaire qui tombe sur leurs feuilles.

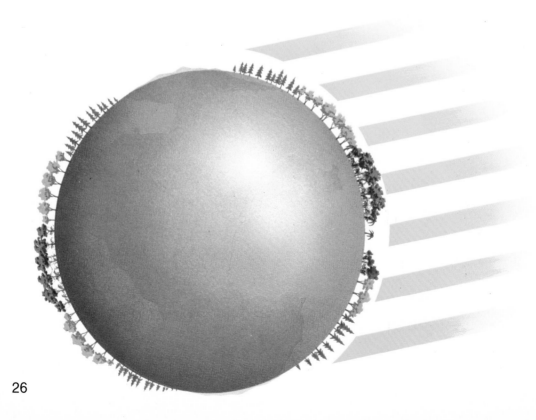

A l'Équateur, dans les régions où il pleut beaucoup, il a d'épaisses forêts tropicales, mais là où il n'y a que u d'eau, on rencontre des déserts. Si nous nous éloi-ions de l'Équateur, nous verrons des forêts d'arbres ii perdent leur feuillage en hiver. Plus près des pôles, y a des arbres à feuilles persistantes, comme les pins les sapins. Autour des pôles, on rencontre enfin la undra, où on ne trouve que des mousses, des petites antes à fleurs et des arbrisseaux chétifs. Quant aux les proprement dits, ce sont des déserts glacés.

Les animaux sont bien adaptés à ces divers types de imats. Dans les régions glacées, les animaux perdent eaucoup de chaleur : leur tête, leurs pieds, leurs oreil-s et leur nez deviennent très froids. Or, on a remarqué ie les petits objets conservent plus efficacement leur haleur que les grands : les animaux qui vivent dans ces gions froides ont une fourrure épaisse formée de ngs poils qui immobilisent une épaisse couche d'air rmant une paroi isolante, et ils ont des petites oreilles, es petits pieds et des petites queues qui leur font erdre peu de chaleur.

Les animaux qui vivent dans les régions chaudes es-aient au contraire d'obtenir un peu de fraîcheur, et urs grandes oreilles et leurs longues queues les aident dissiper l'excédent de chaleur.

Les animaux des régions froides ne sont pas vivement olorés : ils sont blancs, ou noirs et blancs, ou gris ou ncore brun terne, ce qui ne permet pas de les distin-uer de loin sur la neige ou le rocher. Ils sont bien amouflés aux yeux de leurs prédateurs. Quant à ceux ui habitent les endroits chauds, comme les forêts tro-icales, ils sont généralement très vivement colorés, ce ui leur permet de se confondre avec les couleurs écla-antes des végétaux. Ils échappent ainsi plus facilement leurs ennemis, eux aussi. Ainsi, par des moyens oppo-és, mais bien adaptés aux conditions locales de leurs iotopes, les animaux arrivent à se protéger efficace-ient contre leurs prédateurs.

LES BIOTOPES

Puisqu'on trouve des animaux et des végétaux quasiment partout dans le monde, ils doivent se rencontrer dans des milieux, dans des biotopes très différents. Ils peuvent survivre dans les déserts, qui sont des biotopes très secs par manque d'eau. Ils habitent aussi dans les régions polaires, où il fait sec d'une autre manière : il y a de l'eau, mais comme elle est gelée, le résultat est identique. Dans ces deux types de biotopes, l'eau doit donc être économisée.

Les animaux peuvent vivre dans des habitats frais et humides, telles les régions marécageuses d'Europe ou d'Amérique du Nord. On les rencontre aussi dans des endroits chauds et humides : les forêts d'Asie et d'Amérique du Sud. Donc, les animaux et les plantes peuvent s'adapter aux différents types d'environnement.

Dans les régions sèches, les plantes et les animaux économisent leur eau. Ils peuvent arriver à ce résultat de plusieurs manières différentes, dont l'illustration ci-contre montre quelques exemples. Certaines plantes

ont des feuilles de surface réduite, couvertes d'u couche de cire, ce qui défavorise la transpiration : c' le cas des pins. D'autres plantes, comme les cactus, des feuilles réduites à des épines, et leur tronc est go flé d'eau. Quant aux animaux, ils sont couverts peaux imperméables qui empêchent l'eau de sortir leur corps. Ceci est valable pour certains mammifères fourrure, mais aussi pour des reptiles, dont la pe écailleuse les met à l'abri de la sécheresse. Enfin, insectes et les animaux comme les scorpions et araignées, ont une peau dure et épaisse couverte d'u couche de *chitine* qui ne laisse pas passer beaucou d'eau. Ils récupèrent également une grande quanti d'eau de leurs excréments, grâce à des glandes spéci les situées à l'extrémité de leur intestin.

Des plantes comme les fougères et les hépatiqu qu'on voit en haut et en bas de l'image ci-contre, n peuvent pas vivre dans des biotopes secs. Ces plant ne se reproduisent pas de la même manière que l plantes à fleurs. Chez les fougères, les mousses et le

épatiques, il n'y a pas de pollen transporté par le vent
'une plante à l'autre : chez ces végétaux, au contraire,
haque cellule reproductrice mâle possède des sortes
e petites queues très mobiles qui peuvent fouetter
eau, ce qui permet à la cellule de nager vers une cellule
emelle, avec laquelle elle s'unira pour former la pre-
nière cellule de la nouvelle plante. Donc, ces végétaux
oivent obligatoirement pousser dans des biotopes
umides, où il y a suffisamment d'eau pour que leurs
ellules reproductrices mâles puissent y nager. Les
nimaux comme les grenouilles et les tritons sont cou-
erts d'une peau humide qui n'est pas imperméable. Ils
oivent donc préserver leur peau de la sécheresse, elle
oit constamment être humidifiée par de l'eau exté-
ieure : les mares sont donc un biotope tout indiqué
our ces animaux.

Les animaux et les plantes qui vivent dans des en-
roits chauds et humides ne connaissent pas de pro-
lèmes d'économie d'eau ou de maintien de leur cha-
eur interne. Les plantes peuvent atteindre une grande

taille, elles portent des grandes feuilles et des grandes
fleurs. Quant aux animaux, ils peuvent être très petits ou
très peu épais. Ils doivent se garder au frais, ils évitent la
chaleur : ils ont souvent des replis de la peau ou des
longues épines qui les aident à évacuer l'excédent de
chaleur.

Les animaux et les végétaux des biotopes froids doivent se garder au chaud. Les plantes de la toundra et
des sommets montagneux sont très petites, elles poussent dans des crevasses, elles forment souvent des
sortes de coussins au ras du sol, ainsi le vent froid ne les
atteint quasiment pas. Les animaux de ces régions sont
grands, ils possèdent une fourrure abondante ou des
plumes formant un duvet, qui conserve la chaleur.
Quant aux animaux marins des régions polaires, ils
possèdent sous leur peau une épaisse couche de grais-
se, le lard, qui les met à l'abri de la froideur de l'eau,
mais qui leur donne aussi un aspect arrondi d'êtres bien
en chair.

LES PÔLES

Les pôles sont des endroits froids, glacés. La neige et la glace n'y fondent jamais entièrement, même au plus fort de l'été. La mer elle-même gèle pendant l'hiver. Il y a très peu de grandes plantes dans ces régions. Il n'y a que des plantes microscopiques, formées d'une seule cellule, qui flottent dans la mer. Sur les rochers dépourvus de neige, on rencontre des petits végétaux, les *lichens*, qui forment des croûtes colorées qui tranchent sur le gris de la roche.

Notre illustration montre une scène qui se passe au Groenland, dans la région polaire arctique. Il n'y a pas de terres au pôle Nord proprement dit, mais seulement une banquise plus ou moins épaisse formée de glaces flottantes. Dans cette petite baie groenlandaise, on découvre dans l'eau une grande quantité de petites plantes et de

petits animaux microscopiques, c'est le *plancton*. Les petits poissons et les crevettes s'en nourrissent. Les petits poissons sont avalés par des plus gros poissons, qui servent de nourriture aux phoques, qui serviront à leur tour de proies aux ours blancs.

Les bœufs musqués, à gauche, grattent la neige et broutent les rares plantes qui se trouvent dessous. Les renards arctiques attendent que l'ours abandonne le phoque qu'il a capturé pour se repaître de ses restes. Les morses, à droite, vont plonger au fond de la mer pour y détacher les coquillages qui forment l'essentiel de leur alimentation. Le narval se nourrit de seiches, de calmars et de crevettes. On rencontre également des baleines dans ces mers arctiques.

Quoiqu'il y ait des terres fermes au pôle Sud, aucun grand animal n'y vit, et les animaux y sont plus rares que dans l'Arctique, parce qu'il y fait beaucoup plus froid. Les animaux les plus connus de l'Antarctique sont les manchots. On y rencontre aussi des phoques et de nombreuses baleines.

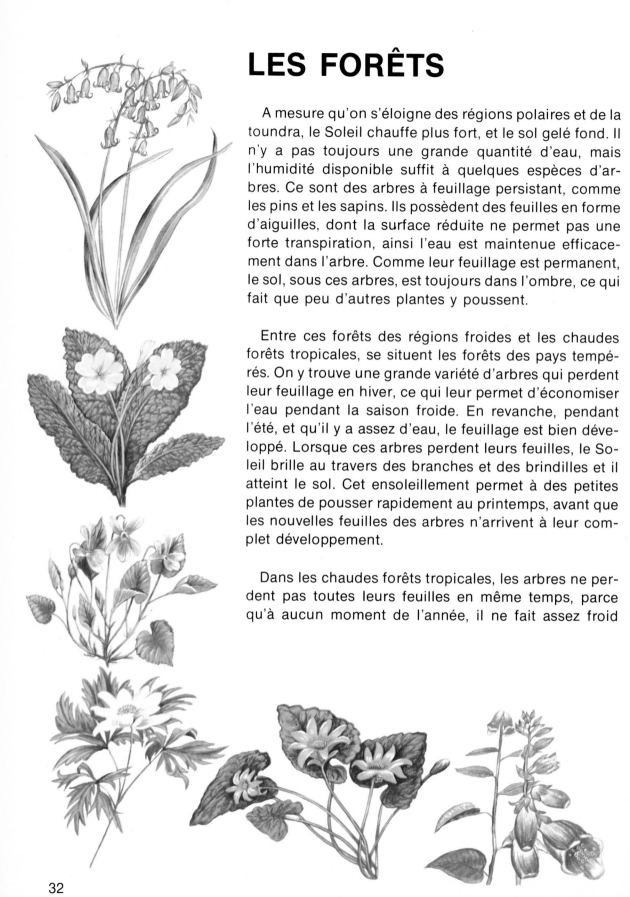

LES FORÊTS

A mesure qu'on s'éloigne des régions polaires et de la toundra, le Soleil chauffe plus fort, et le sol gelé fond. Il n'y a pas toujours une grande quantité d'eau, mais l'humidité disponible suffit à quelques espèces d'arbres. Ce sont des arbres à feuillage persistant, comme les pins et les sapins. Ils possèdent des feuilles en forme d'aiguilles, dont la surface réduite ne permet pas une forte transpiration, ainsi l'eau est maintenue efficacement dans l'arbre. Comme leur feuillage est permanent, le sol, sous ces arbres, est toujours dans l'ombre, ce qui fait que peu d'autres plantes y poussent.

Entre ces forêts des régions froides et les chaudes forêts tropicales, se situent les forêts des pays tempérés. On y trouve une grande variété d'arbres qui perdent leur feuillage en hiver, ce qui leur permet d'économiser l'eau pendant la saison froide. En revanche, pendant l'été, et qu'il y a assez d'eau, le feuillage est bien développé. Lorsque ces arbres perdent leurs feuilles, le Soleil brille au travers des branches et des brindilles et il atteint le sol. Cet ensoleillement permet à des petites plantes de pousser rapidement au printemps, avant que les nouvelles feuilles des arbres n'arrivent à leur complet développement.

Dans les chaudes forêts tropicales, les arbres ne perdent pas toutes leurs feuilles en même temps, parce qu'à aucun moment de l'année, il ne fait assez froid

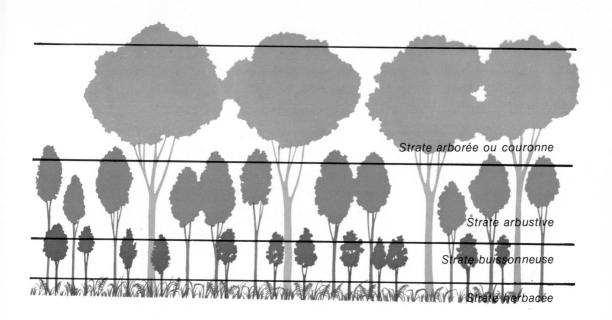

Strate arborée ou couronne

Strate arbustive

Strate buissonneuse

Strate herbacée

pour provoquer leur chute. Au pied de ces arbres, le sol est toujours à l'ombre et la lutte pour la lumière est vive entre les fougères et les petits palmiers qui y croissent difficilement, excepté dans les clairières.

L'épaisse couche de feuilles des forêts tropicales, des forêts tempérées et des forêts froides forme un écran, appelé *couronne*. Si on fait une coupe verticale dans une forêt, on voit apparaître, comme sur notre schéma ci-dessus, une série de couches successives, les *strates*. La couronne est donc la strate supérieure ou strate arborée. Si elle est épaisse, peu de végétaux pourront pousser sous elle. Si au contraire elle n'est pas continue, et que les rayons solaires peuvent passer, il y aura d'autres strates par-dessous. Immédiatement sous la couronne, on trouve la *strate arbustive*, formée de jeunes arbres qui poussent. En-dessous, c'est la *strate buissonneuse* où croissent des arbrisseaux et des buissons. Enfin, près du sol, c'est le domaine des petites plantes, la *strate herbacée,* qui surmonte la *strate muscinale* formée par les mousses, les champignons, les lichens et les hépatiques.

Nous vous montrons sur la page voisine quelques plantes à fleurs qu'on y trouve facilement: de haut en bas, la jacinthe des bois, la primevère, la violette, l'anémone sylvie, la ficaire et la digitale, mais nous ne vous conseillons pas de cueillir cette dernière, parce qu'elle contient un poison dangereux.

Chacune des strates de la forêt possède également une faune, un ensemble d'animaux, qui lui sont propres.

33

Les grandes forêts froides, où il y a des arbres toujours verts, entourent complètement les régions nordiques. Elles s'étendent depuis l'Europe, en passant au travers de l'U.R.S.S., jusqu'en Alaska et au Canada. Cette illustration montre une forêt canadienne au début de l'été. Les arbres sont des épinettes, présents en très grand nombre pour cette seule espèce. Il y a quelques fougères dans la strate herbacée. Des champignons poussent sur le bois mort et dans les vieilles feuilles. Un élan orignal boit l'eau du lac, une loutre sort de l'eau, accompagnée de ses jeunes. Un castor s'active à la construction d'un barrage.

Dans la forêt, on distingue quatre espèces d'oiseaux : un hibou qui s'attarde, un pic qui recherche les insectes dans l'écorce de l'arbre, un tétras cherche des pousses de plantes dans le sol et au premier plan, un bec-croisé picore les semences qui restent dans un cône d'épinette. Quelques mammifères encore : un glouton poursuit un tamia, sur un tronc d'épinette. Au sol, un porc-épic ronge un peu d'écorce avant d'aller se coucher, parce qu'il se nourrit généralement la nuit. Enfin, une marmotte perchée sur le tronc de l'arbre abattu, mange quelques plantes de la strate herbacée.

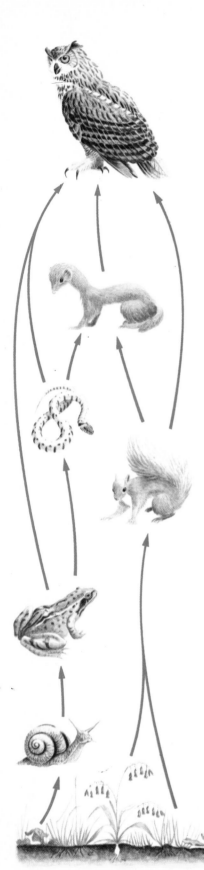

Nous voici maintenant dans une forêt tempérée, où on rencontre beaucoup de plantes différentes. Nous y voyons surtout des arbres : chênes, hêtres et châtaigniers. Nous sommes au début de l'automne, les feuilles jaunissent et tombent. Il y a des baies sur les buissons et des fruits sur les arbres. Les champignons sont bien visibles : les polypores sur le tronc d'arbre à droite, des coprins disséminés en forme de parapluies, et des amanites tue-mouches avec leurs chapeaux rouges à taches blanches. Nombreux sont les animaux qui vivent sur le sol : un cerf, un blaireau et un hérisson, un loir grimpe sur les branches basses d'une ronce près de son nid tandis que l'écureuil, qui vit d'habitude dans le feuillage, vient souvent à terre pour se nourrir de baies et chercher des glands et des faines pour ses provisions d'hiver.

Beaucoup d'oiseaux habitent ces forêts. Le corbeau freux et le geai sont visibles sur l'image. A part ceux-ci, des grives, des gélinottes et des merles cherchent leur nourriture sur le sol, tandis que des troglodytes et des roitelets s'alimentent dans les buissons. Des pics, des sittelles et des grimpereaux capturent les insectes qui se cachent dans les crevasses de l'écorce des arbres. Les mésanges et les geais vivent dans le feuillage.

La chaîne alimentaire ci-contre montre la situation qui règne dans cette forêt au printemps. L'écureuil mange des bulbes et des jeunes pousses en sortant de son hibernation. L'escargot se nourrit de nouvelles feuilles. La grenouille et les couleuvres redeviennent actives lorsque la température s'élève. La belette et le hibou grand-duc ont été actifs tout l'hiver.

Les forêts équatoriales se développent dans un climat chaud et humide. L'air et le sol sont si humides que les plantes disposent de toute l'eau dont elles ont besoin. Là où la lumière solaire peut les atteindre, elles poussent en massifs compacts. La couronne est tellement épaisse qu'il n'y a que peu de lumière qui passe au travers, ce qui empêche les autres plantes de se développer. Mais il y en a qui y parviennent : certaines, comme les lianes, sont des plantes grimpantes qui s'accrochent aux troncs et aux branches des grands arbres ; d'autres, comme les orchidées, poussent sur leurs branches. Lorsqu'un arbre tombe, il crée un espace libre dans la couronne. La lumière s'engouffre dans cette clairière, et les petites plantes en profitent pour croître rapidement.

Au sein de ces forêts, il fait souvent sombre, humide et silencieux. On y voit parfois des papillons qui passent d'une fleur à l'autre. Sur le sol, il y a peu d'animaux : on rencontre le tapir qui s'alimente à partir des feuilles et des plantes des clairières. La plupart des animaux habitent la couronne. Il y a des oiseaux : perroquets, oiseaux-mouches et toucans se font remarquer par leurs vives couleurs. Un jaguar attend sur une branche qu'une proie passe à portée de ses griffes. Des paresseux et des singes à queue préhensile sont les habitants habituels de ce biotope. De nombreux serpents, comme le splendide serpent à perroquets, s'enroulent souvent autour des branches. Peut-être se contentera-t-il d'avaler une de ces grenouilles arboricoles qui pondent leurs œufs dans l'eau qui s'accumule dans les rosettes des plantes, comme celle où se désaltère le perroquet.

LES PLAINES HERBEUSES

Dans certaines régions du monde, les forêts ne peuvent pas se développer, soit qu'il n'y ait pas assez d'eau, soit que la couche de sol est trop mince pour que des arbres puissent s'y accrocher, ou encore que le climat est défavorable, trop sec ou trop froid. Dans ces parties du monde, on rencontre des grandes étendues couvertes d'herbes : ce sont les *plaines herbeuses.* Elles portent des noms différents selon leur situation : en Asie, on a des *steppes.* En Afrique, ce sont les *savanes.* En Amérique du Nord, on les nomme *prairies,* tandis qu'en Amérique du Sud, on parle de *pampas.*

Autruche

Émeu

Nandou

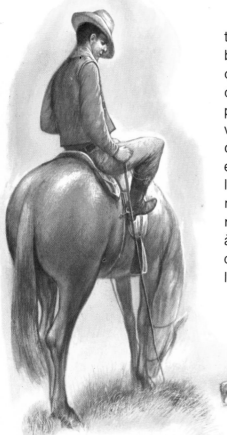

Le paysage des plaines herbeuses est très caractéristique : sur une mer d'herbes se détachent des petits buissons et quelques arbres dispersés. Les animaux qu'on y rencontre se ressemblent sous certains aspects quelle que soit la partie du monde où on observe la plaine herbeuse. On y voit avant tout des grands herbivores qui vivent en troupeaux. En Amérique du Nord c'était le bison qui parcourait les prairies. En Europe et en Asie, ce sont des bovins, en fait le bétail, qui broutent l'herbe. En Afrique, les nombreux types d'antilopes se nourrissent dans la savane, et en Australie, les kangourous broutent les herbes. Tous ces animaux échappent à leurs prédateurs grâce à leur course. Comme il y a peu de bouquets d'arbres pour les cacher, leur vitesse est leur seule chance de survie.

On rencontre aussi dans ces herbes des grands oiseaux, incapables de voler, mais auxquels des longues pattes très musclées assurent une rapidité extraordinaire : l'autruche se trouve en Afrique, le nandou en Amérique du Sud, et l'émeu en Australie. On a enregistré pour des autruches une vitesse de course égale à celle du cheval!

Les hommes exploitent activement les plaines herbeuses. Ils ont remplacé parfois les plantes originales par d'autres végétaux qui les intéressent beaucoup plus, comme le blé ou le maïs. Ailleurs, ils élèvent des gigantesques troupeaux de bétail ou de moutons. Il arrive parfois que les hommes introduisent un grand nombre d'animaux domestiques dans des endroits où un petit nombre d'animaux sauvages subsistaient auparavant. Lorsque les hommes agissent ainsi, ils doivent se montrer très prudents, de manière à ne pas briser l'équilibre naturel. En effet, le bétail peut manger tellement d'herbe que le sol est dénudé complètement. Comme il n'y a pas d'arbres qui puissent former un écran efficace contre le vent, ce dernier, en soufflant au ras du sol, peut emporter très loin la terre fertile et ainsi les plantes ne peuvent plus pousser. Ce sera la famine pour le bétail et le désert là où l'herbe était verte.

Notre illustration montre comment l'introduction d'un herbivore étranger peut provoquer des dégâts en chaîne. Les hommes ont amené le mouton en Australie. Les moutons broutent l'herbe qui était auparavant à la disposition des kangourous, et ainsi ces derniers périssent. Mais les kangourous ne sont pas les seuls à souffrir, il y a aussi tous les animaux carnivores qui subsistent à leur dépens, comme les chiens dingos et aussi les oiseaux de proie.

Il est facile de détruire complètement l'équilibre biologique des plaines herbeuses, et la plus grande prudence doit être observée lorsqu'on décide d'y introduire une nouvelle espèce.

Cette illustration vous montre une savane africaine. Quelques arbres y poussent, ce sont des acacias typiques de ces paysages. Dans leurs branches, des tisserins construisent leurs nids en entremêlant ingénieusement des brins d'herbe. On rencontre également ici des rachiodons, qui sont des serpents grands amateurs d'œufs. Des girafes broutent l'herbe ou les feuilles des arbres. Les acacias donnent aussi un peu d'ombre à de nombreux animaux qui s'y reposent volontiers, comme cette famille de lions.

A droite, un point d'eau. L'eau est rare ici, et elle est le rendez-vous obligatoire de tous les animaux, qui y observent d'ailleurs une sorte de trêve : le lion qui va boire ne chasse pas, ses proies habituelles le savent, mais elles n'en restent pas moins vigilantes. Près de l'eau, des antilopes de diverses espèces et des marabouts qui arrivent assoiffés. La propreté est assurée par des vautours, des hyènes et des scarabées bousiers qui nettoient la savane des cadavres et des excréments abandonnés.

LES DÉSERTS

Les déserts sont les régions sèches du globe. Les déserts peuvent être torrides, et la chaleur du Soleil provoque l'évaporation totale de l'eau; ou bien ils peuvent être glacés, et toute l'eau est alors gelée. De toute manière, les plantes et les animaux doivent survivre dans ces conditions de sécheresse très poussée. On croit généralement que le sable règne en maître dans les déserts,

Cactus

Ocotillo

mais il y a des déserts rocheux éga[le]ment. On y trouve des rares plant[es] dont les racines s'étendent très l[oin] dans le sol, ainsi elles récoltent [le] maximum d'eau. Beaucoup de vég[é]taux des déserts ont des troncs épais gonflés d'eau mise en réserve, comm[e] chez les cactus. Certaines plantes [ne] fleurissent qu'après la pluie. La plu[ie] tombe rarement dans les déserts, [il] peut s'écouler plusieurs années ent[re] deux averses successives. Le sol sèc[he] rapidement, mais pendant quelqu[es] jours il se couvre de belles fleurs viv[e-]

Plante-caillou

ment colorées. Certaines plantes, telles l'ocotillo, font jaillir leurs feuilles et leurs fleurs à la moindre humidité. Dès qu'elle a disparu, les ocotillos perdent leurs feuilles. Il en reste des branches, qui subsistent jusqu'à ce qu'il pleuve à nouveau. Les plantes-cailloux habitent les déserts du Namaqualand, en Afrique du Sud-Ouest. En période sèche, elles ressemblent à s'y méprendre à des pierres ordinaires, mais après la pluie, elles fleurissent.

Les animaux du désert doivent apprendre à survivre avec tres peu d'eau. Certains d'entre eux ne boivent pas beaucoup, parce qu'ils trouvent assez d'eau dans les plantes. Ces herbivores doivent souvent parcourir des distances considérables pour trouver assez de nourriture pour calmer leur faim et leur soif.

Tous les animaux tâchent de rester le plus possible au frais. Il y en a qui ne sortent que la nuit, lorsqu'il fait froid. D'autres se nourrissent uniquement au lever ou à la tombée du jour; ils se cachent sous les rochers lorsque la chaleur atteint son point culminant pendant la journée. D'autres enfin échappent à la chaleur excessive en creusant des terriers et en faisant la sieste sous terre, à l'abri du Soleil.

De très petits changements dans l'équilibre biologique des déserts peuvent être très dangereux. Les hommes sont intervenus ici aussi, parfois en apportant le malheur. En voici un exemple : il y avait naguère au Sahara d'assez nombreuses antilopes addax qui broutaient les rares plantes. Des hommes sont venus, amenant des chèvres qui ont pour habitude de brouter toutes les pousses des végétaux. Ainsi les addax sont maintenant en voie de disparition, et comme les chasseurs abattent également cette antilope pour sa chair, la situation est d'autant plus désespérée pour l'addax. Heureusement pour elle, cette antilope est bien camouflée par son pelage couleur de sable, et sa vitesse de pointe de 70 km/h lui permet d'échapper rapidement à ses poursuivants.

Notre illustration représente un secteur du désert américain, à proximité du Mexique. On y voit à gauche des grands cactus, les cierges, qui ressemblent à des arbres dépourvus de feuillage. Il y a d'autres plantes grasses qui fleurissent, telles ces mésembryanthèmes qui forment ces plaques colorées sur le sol. Leurs fleurs s'ouvrent au Soleil, et elles se referment aussitôt qu'il disparaît.

Beaucoup d'animaux du désert sont des carnivores. Cet oiseau, le coucou de Californie, qui chasse un serpent à sonnettes, ou crotale, sauve la vie à la souris à pattes blanches qui se cache dans son terrier, mais un scorpion l'attend également!

Si le petit renard ne les attrape pas, les gerboises qui se dissimulent sous terre figureront au menu d'un serpent à sonnettes.

Le crapaud s'est enterré grâce à ses pattes en forme de pelles, il attend de partir à la chasse aux insectes. Le chuckwalla, ce gros lézard qui s'abrite sous le rocher, attend le moment favorable pour aller vers les fleurs du désert dont il se nourrit.

Comme tous ses congénères, le pic s'alimente à partir des insectes qui se trouvent sur le cactus cierge. Le vautour est un des « boueux » du désert, il se nourrit de cadavres.

Sur notre image, le Soleil n'est pas encore bien haut, mais lorsqu'il atteindra le zénith, tous les animaux seront à l'abri, et le désert semblera morne et vide. Seules les plantes trancheront sur les rochers et le sable.

LES EAUX DOUCES

Après être tombée, l'eau de pluie coule sur le sol, et elle forme ainsi des cours d'eau, des mares et des lacs. C'est l'eau douce. L'eau des mares et des lacs est immobile, elle ne coule pas. Il y a de la boue au fond, dans laquelle des plantes s'enracinent. Cette eau gèle souvent en hiver, et il lui arrive de s'évaporer complètement en été. Elle peut être troublée par la vase ou par des petites plantes vertes microscopiques. Si l'été est très ensoleillé, ces plantes captent beaucoup d'énergie solaire, et elles fabriquent ainsi une grande quantité de nourriture. Il en résulte que ces plantes se multiplient à un point tel que l'eau devient une soupe brun verdâtre.

Les petits animaux qui se nourrissent de ces plantes se développent également. L'ensemble de ces plantes et de ces animaux forme le plancton d'eau douce. Ce plancton peut consommer tout l'oxygène dissous dans l'eau, et dès lors il est condamné à mort par asphyxie. Cela ne se produit que dans une eau immobile ou qui se déplace lentement, parce que l'agitation de l'eau favorise la dissolution de l'oxygène de l'air.

On trouve de nombreux végétaux
dans les mares et dans les lacs, et les
animaux y sont également abondants.
Le plancton en forme une part importante et il fournit une nourriture abondante aux animaux. Parmi ceux-ci, un
petit poisson, l'épinoche, partage l'eau
avec des amphibiens, des grenouilles
et des tritons qui s'y reproduisent. Des
plantes colonisent les rives : les massettes et les joncs, tandis que les élo-
dées du Canada et les nénuphars sont
enracinés au fond. Les feuilles de ces
végétaux servent de nourriture à des
mollusques, les limnées, et des petits
animaux appelés hydres s'accrochent
sur la face inférieure des feuilles de nénuphars. Les hydres capturent le plancton animal grâce à leurs tentacules
contenant un poison paralysant.

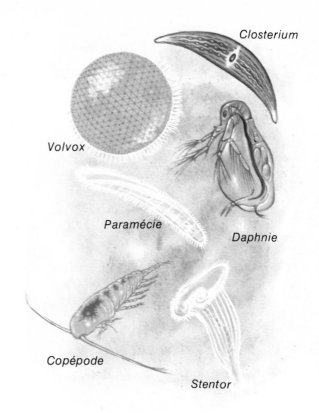

Closterium

Volvox

Paramécie

Daphnie

Copépode

Stentor

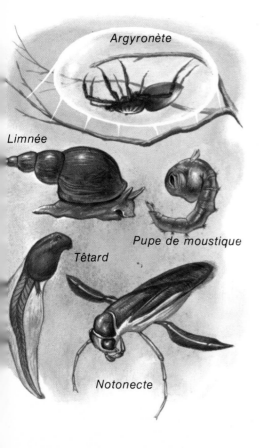

Argyronète

Limnée

Pupe de moustique

Têtard

Notonecte

Des dytiques, des argyronètes ou
araignées d'eau, et des larves d'insectes passent sans cesse à la recherche
de leur nourriture. Dans ces lacs et
dans ces mares, on trouve aussi des
petites éponges là où il y a peu de
courant.

Chaque mare est différente d'une
autre; aucun lac ne ressemble à un autre, il est donc impossible de les décrire
tous. Parfois, il arrive que des mares
s'assèchent complètement, mais les
plantes produisent des semences qui
peuvent survivre à une période de sécheresse, et les animaux pondent des
œufs à parois épaisses qui peuvent at-
tendre que l'eau revienne.

Les rivières et les fleuves sont très différents des eaux stagnantes. En effet, si les plantes et les animaux qui y vivent ne peuvent pas s'attacher solidement au fond, le courant les emportera vers l'aval : c'est la raison pour laquelle il n'y a quasiment pas de plancton dans les eaux en mouvement rapide.

A l'origine, un fleuve est un ruisseau étroit, coulant rapidement parmi les collines. De place en place, il forme des chutes d'eau. Il n'y a pas de boue au fond du ruisseau, parce que le courant l'emporte. Les plantes sont rares ici, et celles qu'on découvre sont toujours accrochées aux pierres du fond. L'eau est pure, riche en oxygène. Des oiseaux, comme le cincle ou merle d'eau, y plongent à la recherche des insectes qui s'agrippent aux cailloux. Des petits vers plats s'attachent également aux pierres.

Plus loin vers l'aval, le courant ralentit un peu. La rivière s'élargit et devient un peu plus profonde, mais il n'y a toujours pas beaucoup de végétaux. Les truites vivent volontiers dans ce genre de rivière où les insectes lui fournissent une nourriture très abondante, et nous ne donnons pas cher de la vie de la libellule!

Le dessin ci-dessous montre ce qui se passe lorsqu'on se rapproche de la mer, et que les eaux se déplacent plus lentement. De la vase s'accumule sur le fond, et des algues y poussent. Des perches et les féroces brochets sont les hôtes habituels de ces eaux. Le martin-pêcheur y pêche les petits poissons, et les rats d'eau y nagent en direction de leurs galeries situées dans les berges. Quelques plantes qui poussent dans les eaux stagnantes vivent également dans cette partie du fleuve, comme ces massettes et ces iris jaunes qu'on voit au bord de l'eau. Sur le fond, on rencontre des larves d'insectes et des moules d'eau douce, les anodontes.

Le fleuve coule, et il atteint la mer. L'embouchure du fleuve est un biotope très particulier. En effet, à marée haute, l'eau salée de la mer y pénètre, et à marée basse, l'eau est douce. On y trouve donc des animaux qui supportent des changements rapides de salinité, et que la boue apportée par le fleuve ne contrarie pas trop. Le fleuve charrie sans cesse de la boue qui résulte de l'usure, de l'érosion des terres d'amont. Elle se dépose parce que le courant ralentit: ce sont les alluvions. La quantité de boue est parfois si grande qu'elle donne naissance à des terres qui émergent au-dessus du niveau de la mer.

LES RIVAGES MARINS

La vie n'est pas facile au bord de la mer, contrairement à ce que vous pourriez penser. En effet, la moitié du temps le rivage est recouvert par l'eau salée, l'autre moitié il est brûlé par le Soleil, ou bien la pluie y tombe. Enfin lorsque nous vous aurons rappelé que, lors des tempêtes, les plages sont battues par des vagues très violentes, vous aurez la certitude que les plantes et les animaux du littoral ne sont pas à la fête tous les jours!

Les algues marines sont les seuls végétaux qu'on rencontre en grande quantité au bord de la mer. La partie de la plage qui reste exposée à l'air pendant plusieurs heures est couverte par des algues en majorité vertes; plus loin du rivage, là où les roches sont couvertes par la mer la moitié du temps, les algues sont surtout brunes. Les algues rouges ne peuvent pas survivre très longtemps hors de l'eau; elles croissent dans des cuvettes rocheuses où l'eau est piégée à marée basse, et on en trouve aussi sur la partie de la plage qui n'est découverte qu'aux marées très basses.

Les animaux qui vivent sur les plages sont nombreux. Nous vous en montrons quelques-uns sur notre illustration, mais si vous cherchez bien, vous en trouverez d'autres! Il y a des coquillages, des grandes coques, et des vers, les arénicoles cachés dans le sable au fond de leur tube en U. L'huîtrier-pie fouille le sable, en quête des coquillages qu'il aime. Le cormoran s'envole en direction de la mer où il va pêcher. Sur les rochers, il y a des balanes, qui vivent aux dépens du plancton que leur apporte la marée montante.

Les patelles sont des mollusques à coquilles coniques très aplaties, qui se déplacent sur les rochers à la recherche des algues qu'elles broutent avec leur langue râpeuse. Les bigorneaux gris comestibles, et les bigorneaux colorés mangent également des algues. Sur les algues, au premier plan, on trouve des troques.

Les cuvettes rocheuses sont des biotopes passionnants à étudier, parce que beaucoup d'animaux y sont abandonnés par la marée. Vous y trouverez souvent des crabes, des crevettes et des petits poissons, comme le gobie. Des algues rouges y poussent en compagnie d'autres algues, brunes celles-là, comme le fucus. Ici aussi les bigorneaux sont abondants.

Sur les falaises qui bordent parfois les plages, des plantes profitent de la moindre fissure dans le rocher pour y accrocher leurs racines. C'est le cas du gazon d'Olympe aux fleurs roses, et du fenouil marin.

Les hirondelles de mer profitent des saillies du rocher pour y établir leur nid : elles seront ainsi à proximité immédiate de la mer qui leur fournit les petits poissons qu'elles mangent. Pour les observer, il vous faudra d'abord une bonne paire de jumelles, mais aussi beaucoup de patience.

LES OCÉANS

Près des trois quarts de la surface de la Terre sont recouverts par l'eau salée. Les animaux et les plantes se comptent par milliards dans les océans. L'étude des parties profondes des océans est difficile et dangereuse, c'est pourquoi un certain mystère subsiste à leur sujet. Mais les techniques d'exploration des eaux profondes s'améliorent sans cesse, et on connaît de mieux en mieux cette énorme masse liquide.

Toutes les plantes des océans vivent à proximité de la surface. En effet, les végétaux ont besoin de lumière pour pousser, et comme les rayons du Soleil ne peuvent pas pénétrer profondément dans la mer, ils ne vivent que là où le rayonnement solaire peut les atteindre. Il y a des plantes très petites, microscopiques, et des animaux à peine plus grands qui s'en nourrissent, et qui sont portés par l'eau de la mer : c'est le plancton marin. Le plancton est en quelque sorte la prairie de la mer, on le trouve partout et beaucoup d'animaux s'en nourrissent, depuis les plus petits jusqu'aux plus grands.

A la surface, on trouve des oiseaux de mer. Certains s'éloignent peu du rivage, mais le fou de Bassan, les mouettes, le pétrel et le puffin se rencontrent parfois loin en mer.

Dans les eaux froides des mers nordiques, il n'y a que peu d'espèces différentes de poissons, mais chacune de ces espèces est représentée par un grand nombre d'individus, qui forment des *bancs.* C'est le cas des harengs, des maquereaux, des morues et des sardines. Ces poissons sont activement recherchés par les pêcheurs parce qu'ils figurent en bonne place sur nos tables soit à l'état frais, soit en conserve. Mais les hommes ne sont pas les seuls prédateurs de la mer : notre dessin montre des renards marins, des requins, qui rabattent des harengs dans un volume réduit pour pouvoir les attraper plus facilement.

Asie   *Océan Pacifique*   *Hawaii*   *Am du*

Fosse des Bonin

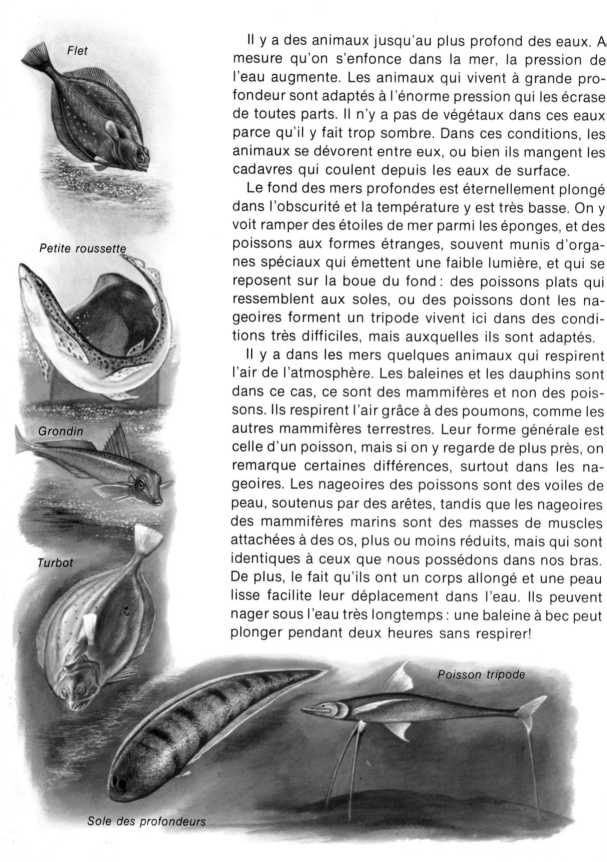

Flet

Petite roussette

Grondin

Turbot

Sole des profondeurs

Poisson tripode

Il y a des animaux jusqu'au plus profond des eaux. A mesure qu'on s'enfonce dans la mer, la pression de l'eau augmente. Les animaux qui vivent à grande profondeur sont adaptés à l'énorme pression qui les écrase de toutes parts. Il n'y a pas de végétaux dans ces eaux parce qu'il y fait trop sombre. Dans ces conditions, les animaux se dévorent entre eux, ou bien ils mangent les cadavres qui coulent depuis les eaux de surface.

Le fond des mers profondes est éternellement plongé dans l'obscurité et la température y est très basse. On y voit ramper des étoiles de mer parmi les éponges, et des poissons aux formes étranges, souvent munis d'organes spéciaux qui émettent une faible lumière, et qui se reposent sur la boue du fond : des poissons plats qui ressemblent aux soles, ou des poissons dont les nageoires forment un tripode vivent ici dans des conditions très difficiles, mais auxquelles ils sont adaptés.

Il y a dans les mers quelques animaux qui respirent l'air de l'atmosphère. Les baleines et les dauphins sont dans ce cas, ce sont des mammifères et non des poissons. Ils respirent l'air grâce à des poumons, comme les autres mammifères terrestres. Leur forme générale est celle d'un poisson, mais si on y regarde de plus près, on remarque certaines différences, surtout dans les nageoires. Les nageoires des poissons sont des voiles de peau, soutenus par des arêtes, tandis que les nageoires des mammifères marins sont des masses de muscles attachées à des os, plus ou moins réduits, mais qui sont identiques à ceux que nous possédons dans nos bras. De plus, le fait qu'ils ont un corps allongé et une peau lisse facilite leur déplacement dans l'eau. Ils peuvent nager sous l'eau très longtemps : une baleine à bec peut plonger pendant deux heures sans respirer!

LES ÎLES

Tortue géante des Galapagos

Comme les îles sont entourées par la mer, il est difficile de s'y rendre ou d'en partir. Les animaux qui habitent les îles peuvent vivre en sécurité, sans être dérangés.

Dans les îles, on découvre des végétaux et des animaux inhabituels : aux îles Galapagos, par exemple, on trouve des tortues géantes. Il y a longtemps, des oiseaux très étranges, très grands et incapables de voler, vivaient sur l'île Maurice et à la Réunion, dans l'océan Indien. Un de ces oiseaux était le dronte, ou dodo. Il vécut tranquillement sur ces îles jusqu'au moment où les hommes apparurent sur leurs navires : les rats des bateaux descendirent à terre et mangèrent les œufs du dodo, tandis que les navigateurs massacrèrent les oiseaux. Depuis 1679, l'espèce est éteinte.

Certains animaux trouvent au contraire leur salut dans les îles. Parmi eux, le dernier parent des dinosaures vit encore sur quelques îles proches de la Nouvelle-Zélande. C'est un lézard de taille moyenne, appelé sphénodon ou hattéria. Il a été à l'abri sur ces îles pendant des millions d'années. Heureusement pour lui, il a été découvert après que l'homme se soit rendu compte qu'il ne faut pas bouleverser l'écosystème des îles. Maintenant, il est protégé : il est absolument interdit de le chasser et de le capturer, et sa survie est ainsi garantie à l'avenir.

LES MONTAGNES

D'une certaine manière, les montagnes sont comme des îles. Lorsqu'on escalade une montagne, l'air devient plus froid : les végétaux et les animaux qui vivent au sommet sont dans les mêmes conditions climatiques que ceux qui habitent les pôles. La cime des montagnes est couverte de neige et de glace, même si on se trouve près de l'Équateur. Plus bas, l'environnement ressemble à la toundra, et plus bas encore, on trouve des forêts de conifères. Si la montagne est située dans la zone tropicale, ces forêts font place à des forêts typiques des régions tempérées, et tout au bas de la montagne, on se trouve en face des chaudes forêts tropicales. La montagne présente donc des tranches, une stratification climatique.

Les plantes et les animaux qui peuvent vivre sur les froids sommets des montagnes ne pourraient pas subsister dans les forêts tropicales qui les entourent. Les sommets montagnards sont comme des îles froides dans la « mer » des forêts tropicales. Les animaux qui habitent les montagnes doivent pouvoir conserver leur chaleur; quant aux plantes, elles vivent au ras du sol, de manière à échapper aux vents froids.

Notre illustration montre une scène qui se passe dans une région montagneuse d'Amérique du Nord. Les prédateurs de la montagne sont les aigles et les lions des montagnes. L'aigle doré fait son nid, son aire, sur une saillie rocheuse. Le lion des montagnes est aussi appelé puma ou cougar. Le puma observe un troupeau de chèvres des neiges. Les chèvres et les moutons sont des animaux particulièrement bien adaptés au relief montagnard.

La petite marmotte échappe aux serres de l'aigle en se cachant dans ses galeries souterraines. Elle ramasse de l'herbe en été et elle l'accumule pour l'hiver, soit pour la manger lorsqu'elle s'éveillera de son hibernation, soit pour se constituer un lit confortable.

L'ochotone qu'on voit au premier plan récolte également des plantes qu'il mangera pendant l'hiver. Il n'est en effet pas question de trouver de la nourriture pendant la mauvaise saison, parce que la neige recouvre tous les végétaux.

Les papillons éclosent au début de l'été montagnard. Ils vivent une saison, en butinant les fleurs, et ils déposent leurs œufs avant que le froid de l'hiver ne les tue. Les œufs résistent aux grands froids. L'année suivante, il en sortira une chenille qui se métamorphosera en papillon lorsque la chaleur de l'été sera revenue.

En haute montagne, la vie s'endort durant l'hiver : il n'y a plus de plantes apparentes, et l'eau est entièrement gelée, à l'exception des cascades.

59

FAITES DE L'ÉCOLOGIE!

Maintenant que vous avez lu ce livre, nous sommes persuadés que vous avez compris à quel point il est important de protéger la nature. Mais pour cela, il faut bien la connaître. C'est pourquoi nous vous proposons de passer à l'action, de manière à contribuer personnellement à la protection de votre cadre de vie.

Nous vous suggérons de réaliser une expérience facile, que vous pourrez mener à bien en ville ou à la campagne. Les écologistes s'intéressent au nombre, à la population, des plantes ou des animaux d'une région déterminée. Il est difficile de compter les animaux parce qu'ils se déplacent, mais il est aisé de dénombrer les plantes.

Pour cela, il vous faudra un outil qu'on appelle un *quadrat*. C'est tout simplement un cadre carré, fait en pliant à angles droits un fil de fer rigide, ou encore en assemblant quatre baguettes de bois qui encadrent un carré dont les côtés doivent être mesurés avec précision. Peu importe la surface: si vos côtés ont 10 cm, votre carré aura une surface de 1 dm²; s'ils ont 20 cm, votre carré mesurera 4 dm².

Rendez-vous sur le terrain que vous allez explorer. Ne le choisissez pas trop grand, de manière à pouvoir aisément mesurer sa surface: il vous faudra pour cela un décamètre, et si vous n'en avez pas, faites-en un avec une ficelle dans laquelle vous ferez des petits nœuds tous les 10 cm, des gros nœuds tous les mètres. Emportez aussi un carnet de notes et de quoi écrire, et notez les dimensions de votre terrain.

Arrivé sur place, jetez votre quadrat au hasard, par-dessus votre épaule. Retrouvez-le et voyez combien d'espèces différentes de plantes sont encadrées dans le carré. Notez dans votre carnet le nom des différentes plantes qui s'y trouvent. Si vous ne les connaissez pas, donnez-leur un nom provisoire, puis faites un petit dessin qui vous permettra de les identifier plus tard. S'il y a beaucoup d'exemplaires de la même plante, arrachez-en une avec soin, avec ses racines, et mettez-la à sécher entre des vieux journaux. Ce sera la base de votre herbier. N'oubliez pas d'indiquer sur le journal le nom provisoire que vous donnerez à cette plante. N'arrachez aucune plante qui se trouve en petit nombre, vous pourriez ainsi contribuer à son extinction!

Pour identifier des plantes inconnues, il existe chez les libraires des livres qu'on appelle des *flores*. On en trouve aussi dans les bibliothèques publiques. Au besoin, faites-vous aider par un botaniste, parce que l'identification de certaines plantes — les herbes surtout — est parfois très difficile.

Il vous reste maintenant à compter combien de plantes de chaque espèce il y a dans votre quadrat, et à noter soigneusement ce nombre dans votre carnet à côté de chaque nom. Ces chiffres seront variables selon le type de terrain: un terrain vague en ville est très différent d'une prairie à la campagne ou à la montagne. Ils varieront aussi d'un endroit à l'autre du terrain, alors il vaut mieux recommencer plusieurs fois l'opération et prendre la moyenne des chiffres que vous trouverez.

Enfin, vous pouvez calculer, puisque vous connaissez la surface totale du terrain, exprimée en décimètres carrés, combien de plantes de chaque espèce il contient. Vous serez étonné du résultat! Vous pouvez aussi calculer combien de représentants de chaque plante il y a par unité de surface. Les grandes plantes, arbres et buissons, peuvent être comptées séparément.

Si vous répétez cette expérience plusieurs fois au cours de l'année sur le même terrain, vous aurez ainsi écrit son histoire annuelle. Si vous le faites plusieurs années de suite, vous verrez apparaître certaines espèces nouvelles, et d'autres disparaîtront. Ainsi vous vous rendrez compte qu'un terrain quelconque, même celui qui semble le plus abandonné, est malgré tout un ensemble vivant qui évolue avec le temps. Et pour faire profiter d'autres personnes de vos expériences, et pour pouvoir bénéficier des recherches des autres, faites-vous membre d'une de ces nombreuses associations qui groupent les jeunes épris de sciences.

Ainsi, vous serez devenu à votre tour un écologiste à part entière et, grâce à vous, peut-être qu'un petit coin de nature aura été protégé de la destruction. Ne serait-ce pas magnifique si tous en faisaient autant?